AF324496

ALPHABET MUSICAL

ET

CHOIX DE MORCEAUX

EXTRAITS DES ŒUVRES

DES MUSICIENS LES PLUS CÉLÈBRES

PAR

L'Abbé J.-M. TISSOT

Vicaire à Saint-Julien (Haute-Savoie)

PRIX : 50 C. — FRANCO : 60 C.

GENÈVE

GROSSET & TREMBLEY, LIBRAIRES-ÉDITEURS

4, Rue de la Corraterie, 4

ALPHABET MUSICAL

ET

CHOIX DE MORCEAUX

EXTRAITS DES ŒUVRES

DES MUSICIENS LES PLUS CÉLÈBRES

PAR

L'Abbé J. M. TISSOT
Vicaire à Saint-Julien (Haute - Savoie)

PRIX : 50 C. — FRANCO : 60 C.

GENÈVE

GROSSET & TREMBLEY, LIBRAIRES-ÉDITEURS
4, Rue de la Corraterie, 4

SAINT-JULIEN

IMPRIMERIE F. CASSAGNES

1871

ALPHABET MUSICAL

Première section.

SIGNES MUSICAUX

I. Notes. — On appelle *notes* des signes qui représentent les sons musicaux. La *forme* des notes détermine la *durée* des sons. Cette durée s'évalue en *temps, demi-temps*, etc. On peut compter sept notes différentes. En voici le nom, la forme et la durée :

Ronde. Blanche. Noire. Croche. Double cr. Triple cr. Quadru. c.

4 temps. 2 temps. 1 temps. 1|2 temps. 1|4 de t. 1|8 de t. 1|16 de t.

On voit que chacune de ces notes vaut la moitié de celle qui la précède. Pour deux croches qui se suivent on emploie souvent un trait qui va de l'une à l'autre. Les notes de moyenne valeur, c'est-à-dire, la blanche, la noire, la croche, s'emploient beaucoup plus fréquemment que les autres. — Il est bon de remarquer, dès à présent, que ce tableau de la valeur des notes exprimée en temps, demi-temps, etc., n'est exact que pour les mesures à *temps binaires*, comme on le verra au point *mesure.*

II. Portée. Clefs. — Cet ensemble de cinq lignes parallèles s'appelle

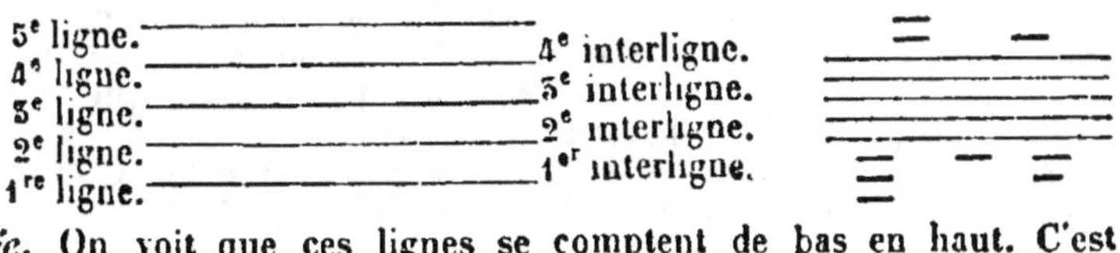

5e ligne. ——————————— 4e interligne.
4e ligne. ——————————— 3e interligne.
3e ligne. ——————————— 2e interligne.
2e ligne. ——————————— 1er interligne.
1re ligne. ———————————

portée. On voit que ces lignes se comptent de bas en haut. C'est sur ces lignes ou dans ces interlignes que l'on place les notes. Leur position plus ou moins élevée détermine *la gravité* (l'abaissement) ou *l'acuité* (l'élévation) du son. -- Quand les onze degrés formés par les cinq lignes, les quatre inter-lignes et le côté extérieur de la première et de la cinquième ligne sont insuffi-sants, ou en forme d'autres par le moyen de courtes lignes, dites *supplémen-taires* ou *additionnelles*, placées suivant le besoin en dessus ou en dessous de la portée, comme dans la seconde partie de l'exemple précédent.

Toute note reçoit, avec le nom qui lui convient pour sa forme, un autre nom qui résulte de sa *place* sur la portée. Seulement ces derniers noms sont moins nombreux que les degrés qu'offre celle-là. Il n'en existe que sept : *ut* ou *do, ré, mi, fa, sol, la, si.* Quand la nomenclature est termi-née, on la recommence ainsi qu'on le voit dans cet exemple :

Ut, si, la, sol.

Ut, ré, mi, fa, sol, la, si, ut, ré, mi, fa, sol, la, si, ut.

Le signe qui se trouve sur les lignes au commencement de cette portée s'appelle *clef*. C'est ici la *clef de sol*. Elle est ainsi appelée parce que c'est sur la deuxième ligne, la ligne de *sol*, qu'elle offre son point le plus saillant. Cette clef est employée très-ordinairement. Ce n'est que dans les morceaux à notes graves que l'on se sert quelquefois de la *clef de fa*. Voici comment elle se forme et quelle est, lorsqu'on l'emploie, la place des différentes notes :

Mi, fa, sol, la, si, ut, ré, mi, fa, sol, la, si, ut, ré, mi.

Nota. — En enseignant la musique, le maître fixera les leçons à l'avance et en fera rendre compte. Il suffira dès lors de quelques jours pour apprendre parfaitement l'essentiel de la théorie musicale. — Il est tout à fait suffisant pour les élèves, surtout s'ils appartiennent à l'école primaire, de ne s'occuper longtemps que de la notation en clef de *sol*. — Le nom des notes résultant de leur forme s'apprend très-vite ; il en est autrement de celui qui résulte de leur place sur la portée. Pour hâter cette connaissance, le meilleur moyen pour l'élève est de prendre des portées, tracées au crayon si l'on veut, et d'écrire des notes comme au hasard sur les différentes lignes, mettant tou-jours à côté le nom qui leur convient. On peut aussi considérer les exercices qui se trouvent plus loin, et là se demander le nom de chaque note, venant le revoir sur la portée en clef de sol qui précède, quand on l'aura oublié. On fera bien d'aller voir ainsi l'emploi des différents signes à mesure qu'ils se présenteront. On suppléera dès lors aux exemples qui, pour cause de brièveté, ne sont donnés dans ces explications qu'autant qu'ils se trouvent absolument indispensables. A l'école, la leçon qui concerne les signes musicaux doit se réciter au tableau comme une leçon d'arithmétique. — Quand l'élève devra écrire quelques notes, le maître aura soin de faire remarquer qu'il faut les tracer, non pas inclinées, mais droites sur la portée, et perpendiculaires aux lignes.

III. Gamme. Ton. Demi-ton. — Chacune de ces deux séries de

Ut ou do, ré, mi, fa, sol, la, si, ut.   Ut, si, la, sol, fa, mi, ré, ut,

huit notes forme une *gamme*. La première gamme est ascendante ; la seconde, descendante. — Quoique a différence d'élévation, de chaque note a celle qui la précède ou qui la suit, soit partout égale pour l'œil, elle doit être inégale pour l'oreille. Comme on le voit, la distance est en certains points d'un demi-ton, ailleurs d'un ton. Le ton est une certaine différence de gravité existant entre deux sons. Elle est très-saisissable pour l'oreille et très-facile à reproduire. Il en est de même du demi-ton. Son étendue est bien, comme son nom l'indique, la moitié de celle du ton. Il n'y a pas, dans le chant ordinaire, d'intervalle moins étendu que le demi-ton. — On voit, par l'exemple qui précède, que l'intervalle est d'un demi-ton de *mi* à *fa* et de *si* à *ut*, et qu'il est d'un ton partout ailleurs. Ces intervalles resteraient les mêmes dans une gamme que l'on ferait en dessus ou en dessous de celle qu'on vient de voir. — Il est très-important de savoir sans hésitation où se trouvent les tons et les demi-tons dans l'échelle de la gamme. On produit dès lors bien plus facilement les différents intervalles avec l'étendue qui leur est propre.

IV. Accidents. — Les tons qu'offre naturellement la gamme peuvent cependant être divisés en demi-tons. Cette division s'indique par des *accidents*. On compte trois accidents musicaux. Chacun a son nom, sa forme et son effet spécial. Le *dièse* (♯) fait élever d'un demi-ton, le *bémol* (♭) abaisser d'autant le son de la note devant laquelle il est placé. Le *bécarre* (♮) détruit l'effet du dièse ou du bémol et annonce par là que les notes sont revenues à leur état naturel.

Fa nat. Fa dièse. La nat. La bémol. Si bémol. Si béc. Ut dièse. Ut béc.

Élevé de 1|2 ton. Abaissé de 1|2 t.   Élevé de 1|2 t,   Ab. de 1|2 t.

Quand l'accident est au commencement de la première portée, à côté de la

clef, et qu'ainsi il se trouve *à la clef*, son effet se continue dans tout le mor‑
ceau. S'il est dans le cours du morceau, son effet s'arrête à la première barre
qui coupe verticalement la portée. — Tant que l'effet d'un accident se continue, il s'étend à toutes les notes de même nom. Si donc on a un bémol devant le *mi* de la première ligne, la note *mi*, placée dans le quatrième interligne, si elle se présente, sera également bémolisée, à moins que l'effet de l'accident n'ait déjà été détruit par une barre ou un bécarre. — Pour les accidents à
la clef, ils se placent suivant un rang de primauté invariable. Si l'on n'a qu'un
seul bémol, il sera toujour sur *si* ; deux bémols seront sur *si* et *mi* ; trois
bémols, sur *si, mi* et *la* ; quatre bémols, sur *si, mi, la* et *ré* ; cinq bémols, sur
si, mi, la, ré et *sol* ; six bémols, sur *si, mi, la, ré sol* et *ut* ; sept bémols, sur
si, mi, la, ré ,sol, ut et *fa*. On voit que, du dernier bémol pour trouver le suivant, on monte de quatre notes : on va de *si* à *mi*, de *mi* à *la*, etc. — L'ordre
des dièses est l'inverse de celui des bémols. Un seul dièse à la clef sera sur *fa* ;
deux dièses seront sur *fa* et *ut*, etc. — Quand, à l'aide des accidents, on a di-
visé les tons d'une gamme de manière à produire une suite de douze demi-
tons, on a cette gamme appelée *chromatique* :

V. Silences. — Le tableau suivant offre le nom, la forme et la valeur

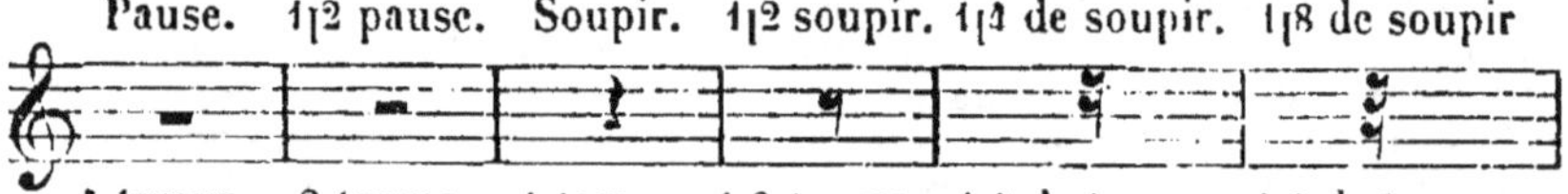

des *silences*. Ces signes servent à déterminer une durée précise pendant la
quelle l'exécutant doit se taire. — On voit que la durée de chaque silence correspond à la durée de l'une des notes. La pause vaut quatre temps, comme la
ronde ; la demi-pause deux temps, comme la blanche, etc. — La pause et la
demi-pause diffèrent en ce que la première est en dessous, la seconde en dessus d'une ligne. — Cette forme de soupir est spécialement usitée en Allema-
gne. En France, le soupir a la forme d'un demi-soupir tourné à droite.

V. Point. — La durée des notes et des silences peut être augmentée
par un *point*. Placé sur la portée, à la suite de ces signes, le point leur ajoute
la moitié de leur valeur naturelle. La ronde pointée vaut six temps, la noire
pointée un temps et demi, etc. — Si l'on a deux points, le second ajoute encore la moitié de ce qu'a ajouté le premier. La pause deux fois pointée vaut
sept temps.

VI. Mesure. — En considérant un morceau de musique, on voit que
des barres verticales coupent fréquemment la portée, formant des divisions qui‑

renferment des valeurs toutes égales, exprimées en notes ou en silences. Ces divisions sont des *mesures,* et la *mesure* d'un morceau sera à deux, trois ou quatre temps, suivant la valeur de chaque division. On place d'ailleurs toujours à côté de la clef, au commencement du morceau, l'un de ces signes qui en indique la mesure :

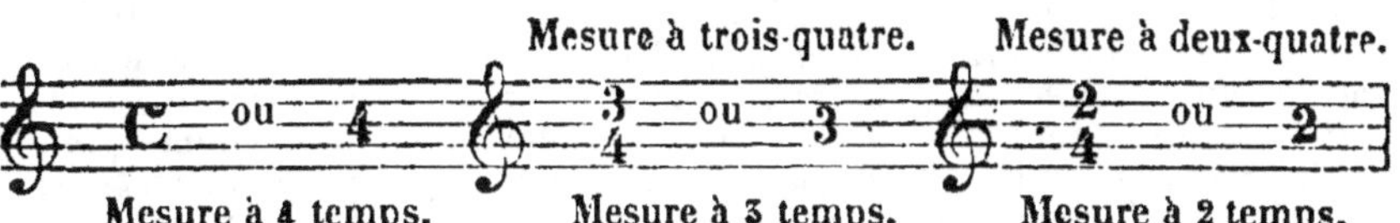

Toutes ces mesures sont à *temps binaires,* parce que chacun des temps peut être représenté par deux parties égales, deux croches. Il y en a d'autres qui sont à *temps ternaires.* C'est à cause de ces mesures qu'une restriction a été faite à la première page, touchant la valeur des notes exprimée en temps. Dans ces mesures, la noire ne vaut que deux tiers de temps, la blanche pointée ne vaut que deux temps, etc. Il faudra donc pour un temps, une noire pointée, ou une noire et une croche, ou trois croches, etc. Elles sont ternaires, parce que chaque temps est divisible en trois parties égales, trois croches. Voici comment elles s'indiquent :

Quelquefois, dans les mesures à temps binaires, on rencontre quelques temps ternaires, représentés le plus souvent par une noire et une croche, ou trois croches, et toujours accompagnés du chiffre 5. Ce sont là des *triolets.* Un triolet ne vaut qu'un temps.

Pour bien exécuter un morceau, il faut *battre la mesure,* c'est-à-dire déterminer, par un mouvement de la main ou du pied, le commencement et la fin de chaque temps. Les mouvements se font, de cette manière : A quatre temps : 1° en bas ; 2° à gauche ; 3° à droite ; 4° en haut. A trois temps : 1° en bas ; 2° à gauche (plusieurs font ce mouvement à droite) ; 5° en haut. A deux temps : 1° en bas ; 2° en haut. — La mesure à trois-huit se bat à un temps toujours *frappé* quand le mouvement est rapide. On bat aussi quelquefois de cette manière la mesure à trois-quatre. Quand le mouvement doit être lent, la mesure à trois-huit se bat à 5 temps. La croche, dans ce cas, vaut un temps ; la noire, deux temps. — Les mouvements de la mesure doivent être distincts et bien accentués. — Au premier temps, il faut, non pas abaisser la main avec nonchalance et indéfiniment, mais la faire arriver rapidement à la hauteur de la ceinture et l'arrêter tout court.

VIII. Mouvement. — La mesure peut être battue plus ou moins rapidement ; de là différents *mouvements*. Le mouvement d'un morceau s'indique par un mot, ordinairement italien, placé en tête de la première portée. On compte cinq mouvements bien différents ; chacun offre encore des variétés. Ces mouvements sont : 1° *Largo* (large), très-lent ; *larghetto*, un peu moins lent que *largo*. 2° *Adagio, lento, grave, maestoso*, lent, majestueux, grave. 3° *Andante* (allant), posé, sans hâte ni lenteur ; *grazioso* (gracieux, *andantino, moderato* (modéré), *cantabile* (chantant), *tempo giusto* (mouvement marqué), *tempo di menuetto* (mouvement de menuet), *commodo* (aisé), *sostenuto* (soutenu), un peu plus animé qu'*andante*. 4° *Allegro* (gai), vif, animé ; *allegretto* (petit *allegro*), un peu moins vif ; *spiri oso* (ardent), un peu plus vif qu'*allegro*. 5° *Presto*, rapide ; *prestissimo*, très-rapide ; *stretto* (serré), encore plus animé que *presto*.

Les mots *ritardando* ou *rit.* (en retardant), *rallentando* ou *rall.* (en ralentissant), *élargissez* et *retenez* demandent que la mesure soit ralentie ; *più mosso* (plus mouvementé), *accelerando* (en accélérant), qu'elle devienne plus rapide jusqu'à ce qu'un *primo tempo* (premier mouvement) ou un *a tempo* se rencontre pour lui rendre sa première allure. Ordinairement cette accélération et ce ralentissement ne s'étendent pas au-delà de quelques mesures.

Quelquefois, à la place de l'un de ces mots, *andante, allegro, etc.*, on trouve une note de la valeur d'un temps, suivie de l'un des nombres : 50, ou 60, ou 100, etc. Cette indication apprend qu'il faudra faire 50, ou 60, ou 100 temps *dans une minute*.

IX. Intensité. — De même que la mesure a ses degrés de lenteur ou de rapidité, ainsi les sons ont leurs nuances de force ou de faiblesse. Elles constituent les différents degrés de l'*intensité*. Voici les noms employés pour désigner ces nuances : *Brumstimme* (bourdonnement), *bocca chiusa* (bouche fermée), en chantant à bouche fermée sans articuler aucune syllabe ; *pianissimo* ou *pp.*, *sotto voce* (à basse voix), très-doux ; *piano* ou *p.*, doux ; *mezzo forte* ou *m. f.* (à moitié fort), sans faire éclater ni comprimer la voix ; *forte* ou *f.*, fort ; *fortissimo* ou *ff.*, très-fort ; *crescendo* ou *cresc.* (en croissant), en rendant insensiblement les sons de plus en plus forts ; *sforzando* ou *sfz.* (en forçant), *rinforzando* ou *rfz.* (en renforçant), en augmentant la force du son sur la note placée près de ces mots ; *decrescendo* ou *decresc.* (en décroissant) ; *diminuendo* ou *dim*, en affaiblissant insensiblement les sons ; *mancando, smorzando, morendo* (en mourant), en les laissant s'éteindre. — Les signes ◁ et ▷ indiquent, le premier un *crescendo*, le second un *decrescendo* ; leur effet ne s'étend pas au-delà de leur prolongement. — Le *pianissimo*, le *sotto voce* doivent venir du fond du gosier largement entr'ouvert ; il est impossible de les produire autrement avec la pureté et la douceur qu'ils exigent.

A ces nuances d'intensité indiquées par le compositeur, il faut ajouter celles qui résultent des *temps forts* et des *temps faibles*, tels que notre sens musical les demande. Le premier temps d'une mesure est toujours celui qui doit se chanter le plus fort. Dans la mesure à trois temps, le troisième temps vient ensuite, puis le deuxième temps. Dans la mesure à quatre temps, après le premier temps vient le troisième, puis le deuxième, puis le quatrième. Dans cette mesure, le premier et le troisième temps sont dits *forts*, les autres, *faibles*.

X. Accentuation. — Les signes *d'accentuation* indiquent la manière dont les sons doivent être commencés, continués et terminés. Cet exemple

Not. accentuées, piquées, détachées, liées, coulé s, dét. cou. P oint d'orgue

offre les principaux signes d'accentuation. Au n° 1, les deux accents superposés demandent l'un et l'autre un son, fort d'abord, et rapidement diminué. L'accent supérieur indique un effet plus marqué. Le second accent, qui est l'inverse du premier, demande aussi un effet inverse, un son faible au commencement et fort à la fin. Pour le troisième accent, le son doit être fort au milieu de sa durée, faible au commencement et à la fin. Quelques théoriciens appellent *graves* les deux premiers accents, *aigu* le deuxième, *circonflexe* le troisième. — Les notes *piquées* se rendent par un son bref et sec; les notes *détachées*, par un son plus moelleux et moins bref. On ne donnera aux premières que le quart de leur valeur ; elles seront ainsi séparées par des silences bien marqués ; on donnera aux secondes la moitié de leur valeur. — Les notes *liées* se rendent par un son unique. La seconde continue ainsi la première, sans nouvelle articulation. — Les notes *coulées* demandent un passage bien continu et comme insensible de l'une à l'autre. — Pour les notes *détachées* et *coulées*, les sons doivent être continus, quoique produits avec un accent sourd et concentré. — Le *point-d'orgue* commande d'arrêter la mesure et de prolonger le son en le diminuant insensiblement. Son effet est le même quelle que soit la valeur de la note.

XI. Ornements du chant. — L'exemple qui suit offre les *ornements* le plus fréquemment employés. On voit que le *trille* consiste dans un

battement rapide entre la note marquée *tr.* et la note supérieure. La *petite note* forme une *acciaccature* ou *appoggiature brève*, quand elle est sur le degré en dessus ou en dessous de la note qui la suit ; un *port de-voix* quand elle est sur le degré même, ou de la note que l'on quitte ou de la note à laquelle on arrive. La durée de ces petites notes doit être excessivement courte. — Dans les ouvrages d'impression déjà ancienne, on rencontre assez souvent la petite note à l'état de simple croche. Elle constitue dès lors une *appoggiature* et prend à la note qui la suit la moitié de sa durée. — Le *groupe* veut toujours quatre notes ; deux répétitions de la note exprimée, la note supérieure et la note inférieure distante d'un demi-ton. C'est à la note qui précède que cet ornement emprunte sa durée.

XII. Abréviations. — Dans cet exemple, on voit que l'*armature de la clef*, nom que l'on donne aux accidents placés à la clef, se compose de

trois dièses. Le signe que l'on voit sur la première note est un *renvoi*. Il est répété à la fin de la dernière portée. On devra, de ce dernier signe, revenir au premier. Les lettres DC, placées à la fin, donnent la même indication. Elles sont une abréviation de l'italien *da capo*, (au commencement.) — Le dernier temps de la deuxième mesure est représenté par un soupir surmonté d'un point d'orgue. C'est un *point d'arrêt*. On lui donnera en silences la durée d'un point d'orgue. La double barre, suivie de points qui sépare la deuxième mesure de la troisième, annonce une *reprise*. Ce signe est répété entre la quatrième et la cinquième mesure ; seulement ici les points précèdent la double barre. Ils annoncent qu'arrivé là, l'exécutant devra remonter au premier signe, et après avoir fait la troisième mesure, il passera à la cinquième, qui est marquée *seconde fois*, oubliant la quatrième, qui ne doit être faite que la *première fois*, comme on le voit indiqué. —Le point d'orgue placé sur la double barre qui sépare la neuvième mesure de la dixième, est un *point final*. Il apprend que le morceau devra se terminer là quand on l'aura recommencé, suivant l'indication des renvois. —Les bécarres placés après cette double barre indiquent que l'effet des dièses de la clef ne va pas plus loin. Un changement d'armature doit toujours être précédé d'une double barre ou d'une clef ; une simple barre ne le ferait pas assez remarquer. A la douzième mesure, le trait incliné, accompagné de deux points, apprend qu'il faut répéter les notes de la mesure précédente. Dans la mesure suivante, le trait qui coupe la queue de la note annonce qu'elle doit être divisée en croches. Si le trait était double, on ferait des doubles croches. Les trois points placés en dessus de la blanche, dans la quatorzième mesure, apprennent qu'il faut la diviser en trois noires. Dans la mesure suivante, les deux traits qui suivent deux croches indiquent qu'elles doivent encore être répétées deux fois.

Deuxième Section.

EXERCICES

I. Voix. — Ceux qui sont encore dans le jeune âge chantent naturellement à huit notes plus haut que les hommes faits. C'est pour cela que les voix d'enfants ont cet éclat qui les rend si faciles à distinguer au milieu des voix d'hommes. C'est pour cela également qu'elles ne peuvent pas monter aussi haut que ces dernières. Elles ne vont guère au-dessus du *la* ou du *si*, en ton du diapason. (Le diapason est un petit instrument qui donne le *la*.) Lors donc que les enfants ont à produire des sons plus élevés, il faut absolument qu'ils emploient la *voix de tête*. Les sons aigus qu'ils arracheraient de leur poitrine avec un douloureux effort, seraient sans agrément. Bien plus, ils nuiraient beaucoup à leur organe. Ils en hâteraient la mue, l'altéreraient en attendant, et prépareraient une voix d'homme d'un timbre pour toujours cassé et désagréable.

Celui qui veut tirer un bon parti de son organe vocal doit spécialement : 1° Bien ouvrir la bouche ; ce ne serait pas trop qu'il pût glisser entre ses dents l'extrémité de deux doigts superposés ; ce fait, en donnant plus de pureté à sa voix, ne communiquerait d'ailleurs aucun ridicule à son extérieur ; 2° Lier soigneusement les sons, les faire tous ressortir d'une manière égale et vigoureuse, sans exclure d'ailleurs les nuances de *forte* et de *piano*, préférant toujours de beaucoup les sons doux aux sons forts ; 3° Articuler les paroles avec netteté et exactitude, comme font, en parlant, ceux dont la prononciation est irréprochable.

II. Intervalles. — On appelle *intervalle* la différence de gravité ou d'acuité existant entre deux sons. Les intervalles que l'on peut généralement rencontrer sont ceux de *seconde*, de *tierce*, de *quarte*, de *quinte*, de *sixte*, de *septième* et d'*octave*. Pour déterminer un intervalle, on marche suivant l'ordre de la gamme en comptant les notes, y compris celles qui le constituent. Ainsi, de *ut* à *ré*, on a une seconde, puisque l'on trouve deux notes *ut* et *ré* ; de *ut* à *fa* on a quatre notes, *ut*, *ré*, *mi*, *fa*, et par là même une quarte. — Dans l'ordre naturel de la gamme, la seconde, la tierce et la quarte sont *majeures*, si le nombre des demi-tons qu'elles offrent est pair ; *mineures*, s'il est impair. C'est le contraire pour la quinte, la sixte et la septième. Ces intervalles sont majeurs quand le nombre des demi-tons est impair, mineurs quand il est pair. L'octave n'est ni majeure ni mineure, elle est *juste*. On donne aussi le qualificatif juste à la quarte mineure et à la quinte majeure. — Les intervalles peuvent également être *augmentés* ou *diminués*. La seconde, la tierce, la quinte, la sixte, majeures et l'octave juste sont augmentées quand un accident, un dièse devant la note supérieure ou un bémol devant la note inférieure vient leur ajouter un demi-ton; la tierce, la quarte, la sixte, la septième mineures et l'octave juste sont diminuées quand un accident, un dièse en bas ou un bémol en haut leur enlève un demi-ton. Ainsi, de *fa* à *la* dièse, ou a une tierce augmentée; de *ré* dièse à *fa*, une tierce diminuée. La seconde d'un demi-ton et la quinte de trois tons, sont des intervalles mineurs ou diminués, la quarte de trois tons et la septième de cinq tons et demi, des intervalles majeurs ou augmentés, suivant qu'ils sont ou ne sont pas en rapport avec la tonalité existante. (Voir plus loin : *Ton.*)

Le chant des intervalles, avec l'étendue qui leur convient, constitue la *justesse de l'intonation ;* c'est là une chose bien différente de *l'exactitude de la mesure,* qui consiste à commencer et à terminer les sons au moment voulu. — C'est l'intonation que regardent ces exercices sur les intervalles. Ils sont mesurés, il est vrai, mais, dans tous, c'est la mesure à quatre temps avec des durées de notes assez longues et peu variées. Les vraies difficultés de la mesure en ont donc été bannies. Elles viendront plus loin. Ils offrent ainsi tout ce qu'il faut et rien que ce qu'il faut pour ceux qui n'ont que la noble ambition de chanter convenablement le plain-chant. Les chants ordinaires d'église n'offrant que des difficultés d'intonation, on pourra les aborder aussitôt qu'on aura fait ces exercices.

Nota. Quand se rencontrera un intervalle que l'élève ne saura pas produire, le maître, au lieu de le donner de suite, devra le faire chercher par le chant de la portion de gamme comprise entre les deux notes. Si, par exemple, il ne sait pas faire le saut de *ut* à *fa,* il dira *ut, ré, mi, fa ;* puis *ut, fa.* — Dans les commencements, cette opération occasionnera de nombreuses et désagréables interruptions, mais l'avantage qui en résultera compensera largement la peine qu'elle aura coutée. S'il suit rigoureusement cette méthode, le maître aura bien vite familiarisé ses élèves avec toutes les difficultés de l'intonation. Au lieu de leur apprendre seulement, il leur aura appris à apprendre ; ce qui est beaucoup plus avantageux. — Quand ils commenceront ces exercices, les élèves devront savoir parfaitement la gamme par cœur. Ils pourront la chanter en mesure, donnant à chaque note la valeur d'une ronde ou d'une blanche, etc. — Pour les exercices qui offrent des paroles, on devra d'abord les *solfier,* c'est-à-dire, les chanter en nommant les notes ; jusqu'à ce que l'on en fasse les intervalles avec facilité. — Comme les enfants ne disposent guère que d'une octave, on prendra le ton plus ou moins bas suivant la hauteur du morceau, veillant d'ailleurs à ce qu'ils passent à la voix de tête quand la voix de poitrine leur demanderait un effort. — Les voix d'hommes possédant en moyenne treize notes peuvent chanter tout cela sans changer de ton.

Secondes.

Larghetto.
Heureux qui vit en paix chez soi. De régler ses désirs faisant tout son em-
ploi; Et qui ne sait que par ou-ï- dire, Ce que c'est
que la cour, la cour, la mer et son em - pi - re.
Tierc s.
Sostenuto.
Je ne crains rien, pas même le trépas, disait un esprit
fort, tout fier de son cou-ra- ge. Moi je crains Dieu d'abord, lui

répondit un sa - ge,   Puis   l'homme qui ne   le craint pas.
Quartes.
Moderato.
Sur un min-ce cristal, l'hiver conduit vos pas. Le pré — ci pi ce est
sous la   glace; Telle est de vos plaisirs, la lé - gère surface. Glis-
sez mor- tels, mort. n'appuyez pas. G.s.   mor-tels,   mor-tels n'appuyez pas.
Quintes.

Lento.
Ne par - ler ja- mais qu'à propos, Et un rare et grand avan-
tage. Le si -- lence est l'esprit des sots et l'u- ne des vertus du sage.
Sixtes.
Andante.
Ne di tes ja mais: à de main, Pour a — dou- cir u-
ne blessure. Donnez, Donnez aux pauvres du che-
min, Donnez, donnez sans compter: Dieu me--su - re.
Septièmes.

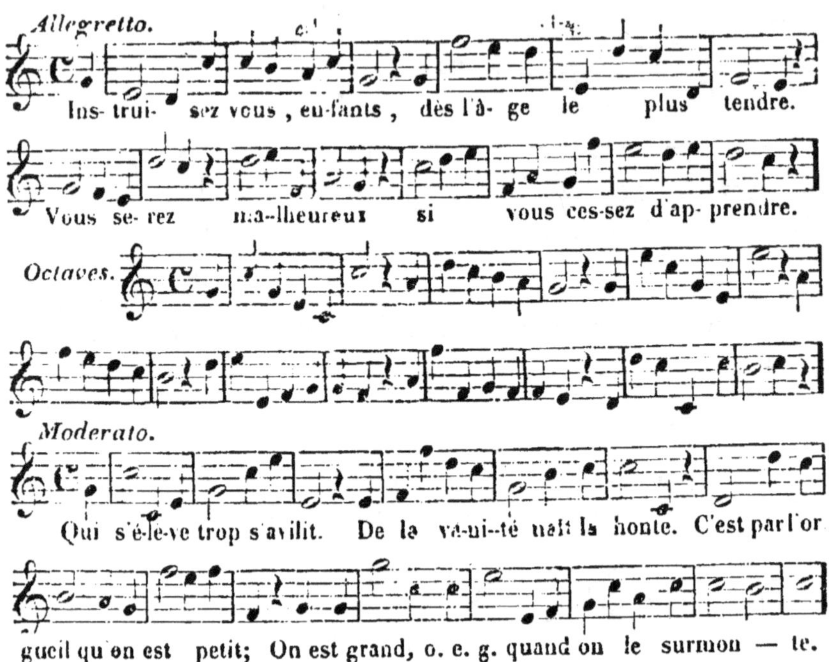

Accidents. Les difficultés que produisent les accidents se rapportent en
core à l'intonation ; c'est donc ici qu'il faut les étudier. — La note bémolisée
la plus facile est celle à laquelle on arrive par la note naturelle qui est immédiatement en dessous ; tel serait *si* bémol précédé de *la*, *mi* bémol précédé de
ré. En passant de la première de ces notes à la seconde, on montera toujours
comme de *mi* à *fa*. — Pour la note diésée, au contraire, si on veut la produire facilement, il faut passer par la note naturelle qui est en dessus. De cette
dernière à la note altérée, de *sol* à *fa* dièse, de *ré* à *ut* dièse on descendra
comme de *ut* à *si*. Tels sont les deux intervalles modèles, *mi fa* pour monter
au bémol, *ut si* pour descendre au dièse. — Si la note préparatoire n'existe
pas , on la suppose, et l'on chante la gamme jusqu'à ce point. Ainsi pour
apprendre l'intervalle descendant de *mi* à *si* bémol, on dira : *mi, ré, ut, si,
la*, puis, *la, si* bémol, enfin, *mi, si* bémol. Pour monter de *ut* à *ré* dièse,
on dira : *ut, ré, mi*, puis, *mi, ré* dièse, et, enfin, *ut, ré* dièse. Le dernier des exercices qui suivent donnera occasion d'employer ce procédé.

III. Mesure. — Pour bien battre la mesure, il faut rendre les mouvements de la main et les sons de la voix parfaitement simultanés, commençant la note de chaque temps au moment précis où commence le mouvement. Il faut également avoir soin de faire ressortir les temps forts. Pour cela, on donne aux notes qui les constituent, non pas une durée plus grande, mais un accen tplus énergique. — On peut, dans les commencements, battre la mesure avec une extrême lenteur, étudiant chaque temps avant de l'attaquer. — Certaines durées, telles que les croches, la noire pointée dans les mesures à temps binaires, le contre-temps et la syncope offrent plus spécialement des difficultés pour le jeune musicien. Les exercices spéciaux qui suivent le mettront à même de les faire bien et facilement. Après les avoir parcourus, l'élève pourra aborder sans peine des exercices sur les différentes mesures.

Croches. — Pour ne pas se perdre dans une suite de croches, il faut faire spécialement attention à celle qui commence chaque temps et la marquer d'un son plus fort, ayant soin cependant de ne pas la faire plus longue que celle qui la suit. — Quand on a une croche pointée suivie d'une double croche, ensemble de durées que l'on emploie assez souvent dans les mesures à temps bi-

naires et qui vaut un temps, il faut veiller de faire la première trois fois plus
longue que la seconde, ce qui revient à peu près à dire que l'on fera cette der-
mière le plus brève possible. — Pour les doubles croches, on accentue soigneusement aussi celle qui commence le temps.

Point. — Le point placé à la suite d'une noire dans les mesures à temps
binaires produit une valeur d'un temps et demi. Ce demi-temps, qui forme la
première partie d'un temps, demande, au moins de la part des commençants,
une accentuation spéciale pour rester bien déterminé. Dans le solfège, on
l'accentue en répétant, non plus le nom de la note, mais la voyelle que contient ce nom, comme on le voit indiqué dans cet exercice. C'est le même procédé que l'on doit employer toutes les fois que la première partie d'un temps
est formée par la continuation du son précédent, lorsque, par exemple, dans
les mesures à temps ternaires, on a une croche liée avec une noire pointée
qui la précède.

Contre-temps. Le *contre-temps* se présente ordinairement sous la forme d'une croche placée à la seconde partie d'un temps dont la première partie est occupée par un silence. Dans la musique vocale, on ne voit guère que des contre-temps seuls et isolés, comme dans le premier exercice qui suit. Dans la musique instrumentale, on rencontre assez souvent des suites de contre-temps, comme dans le second exercice. — Pour faire facilement le contre-temps, il faut *accentuer* le silence qui précède la note et commence le temps; ce qui se fait en comptant *un*, avec appui sur ce mot. Le temps est ainsi rempli par le silence que l'on *parle* et la croche que l'on chante. Au lieu d'une croche on a quelquefois deux doubles croches. — Dans les mesures à temps ternaires, le contre-temps peut être composé de deux croches ou de valeurs pareilles.

Syncope. La *syncope* consiste a commencer sur un temps faible ou sur une partie faible de temps fort, une note que l'on continue sur le temps fort ou sur une partie forte de temps faible qui suit. Il y aura donc syncope lorsqu'une mesure à quatre temps offrira une blanche entre deux noires, syncope également quand les deux premiers temps de cette mesure seront formés par une noire placée au milieu de deux croches, par le commencement de la noire sur la partie faible d'un temps fort est plus faible que sa continuation sur la première partie d'un temps faible. — La syncope qui est formée par une blanche entre deux noires n'offre pas de difficulté. Il en est autrement de celle qui présente une noire entre deux croches. Pour exécuter cette dernière, il faut considérer la noire comme divisée en deux croches, ce qui donne un ensemble de quatre croches. Dès que l'on sait faire ces notes, qui sont d'ailleurs faciles, on revient à la forme première en rendant par un seul son les deux croches supposées. — Pour bien terminer au point voulu la note syncopée, ce qui est en général le plus difficile, on en marque la seconde partie par un appui pareil à celui que l'on pratique sur le point placé à la suite d'une noire. Le commencement de la syncope se chante toujours fort quoiqu'il appartienne au temps faible.

IV. Différentes mesures. — Les exemples qui suivent offrent des exercices sur les différentes espèces de mesures. — Dans les mesures à temps ternaires, la noire pointée ne vaut qu'un temps ; il ne faudra donc la terminer par aucun appui spécial. — Ces exercices, dont le commencement et la fin portent les deux lettres *a* et *b* sont des *canons*. On donne ce nom à certains morceaux qui peuvent se chanter en accord par plusieurs parties qui les commencent les unes après les autres. Ces canons sont à deux voix. Quand la première voix arrive au point *b*, la seconde prend au point *a*. A la fin du morceau, la seconde voix saute de *a* à *b* pour arriver au repos en même temps que la première.

V. Clef de fa. — Dans les morceaux à plusieurs voix, la basse est ordinairement écrite en *clef de fa*. Il en est souvent de même pour la partie de *baryton* quand l'harmonie est à quatre voix. Il est donc indispensable pour le vrai musicien de connaître la notation en *clef de fa*. On pourra l'étudier dans cet exercice ainsi que dans la basse de quelques morceaux que l'on verra plus loin. — Si l'on a oublié la place des différentes notes en *clef de fa*, on ira la revoir à la page 2.

VI. Ornements du chant. — Tout ce qui précède ne regarde que l'exactitude de l'exécution. Cette qualité est nécessaire pour bien chanter ; cependant elle est en général insuffisante. Le beau chant exige l'emploi judicieux des différents ornements, dans le sens le plus large du mot, y compris par là même les nuances de l'accentuation et de l'intensité. — Dans l'étude des ornements du chant on emploie, non plus le solfège, mais la *vocalise* qui consiste à désigner toutes les notes par la voyelle *a*. Cette articulation facilite la bonne émission et la pureté des sons.

Comme préparation à l'étude des ornements du chant, l'élève fera bien de s'exercer sur les quintes et sur les gammes. On entend ici par quinte une partie de gamme comprenant l'étendue d'une quinte répétée comme dans l'exemple suivant. Ces notes se feront *allegro* avec la même expiration.

Chaque son sera distinct et bien sonore ; il doit être vivement appelé et fortement attaché au son suivant. On transposera ces quintes à différentes hauteurs successivement. — Pour les gammes, l'élève fera avec la même expiration une gamme ascendante et une gamme descendante répétées. Il devra les transposer comme les quintes.

Les ornements que le musicien doit surtout étudier sont : 1° Les accents ; il fera pour cela des gammes, donnant tour à tour à chaque note l'accent aigu, l'accent grâve et l'accent circonflêxe : 2° Les *sons filés ;* on désigne par là un son unique longuement prolongé, ou une suite de sons que l'on commence *piano* et que l'on termine de même après être allé insensiblement jusqu'au *forte;* la partie décroissante doit être plus prolongée que la partie croissante : 3° La gamme chromatique : 4° Le groupe : 5° Le trille. — Ce ne serait sans doute pas assez d'une année d'exercice pour arriver à bien triller ; aussi ceux qui font parfaitement cet ornement (si d'ailleurs il y en a), sont très rares. Cependant les exercices sur le trille seront toujours avantageux : s'ils n'aboutissent pas à un succès complet, ils donneront au moins de la souplesse à la voix. — Quand on étudie le groupe et le trille il faut, en cherchant à faire les notes les plus brèves possible, leur donner cependant toute la durée nécessaire pour qu'elles soient bien égales et distinctes entr'elles.

Troisième section.

ANALYSE TONALE

I. Ton. — On a vu plus haut qu'il y a dans la gamme, de *ut* à son octave supérieure *ut*, deux tons et un demi-ton, trois tons et un demi-ton. Lorsque l'on passe par les notes naturelles seulement, cette distribution et cet ordre ne se rencontrent qu'en partant d'*ut* ; mais si l'on emploie des accidents suivant le besoin, et qu'ainsi on altère les notes, on pourra trouver cet ordre en partant de quel point que ce soit. Comme les notes naturelles et altérées, telles qu'on les a vues dans la gamme chromatique, présentent un ensemble de douze sons différents, il s'en suit que l'on peut former douze gammes, toutes pareilles dans la distribution des tons et des demi-tons, toutes différentes dans leur note initiale. — Chacune de ces gammes reçoit son nom ou son *ton* de la note par laquelle elle commence. Celle qui commence par *ré* est en ton de *ré*, ou en *ré*, celle qui commence à *sol* est en *sol*. Comme on le voit, le mot ton signifie ici, non plus intervalle, mais point de départ. Voici le tableau de ces gammes :

Ce tableau donne lieu à plusieurs remarques : 1° Dans une même gamme on n'emploie qu'une seule espèce d'accidents pour produire deux tons et un demi-ton, trois tons et un demi-ton : 2° Une note qui peut recevoir deux noms comme *mi* bémol qui s'appellerait aussi *ré* dièse, prend le nom de la gamme qui demande le moins d'accidents; la gamme en *mi* bémol n'a que trois bémols, la gamme en *ré* dièse demanderait beaucoup plus de trois dièses, on s'en tient donc à *mi* bémol: 3° Dans les gammes, les accidents sont naturellement appelés suivant l'ordre de priorité que l'on a vu (page 4); ainsi la gamme en *sol* qui n'a qu'un dièse le prend sur *fa*, la gamme en *ré* le conserve et appelle en même temps le second dièse, le dièse sur *ut*, la gamme en *la* les conserve tous deux et appelle le troisième dièse qui est sur *sol*. — L'ordre des bémols vient de la même cause.

II. Mode. — Le mot *mode* du latin *modus* (manière) s'emploie ici pour déterminer quel est l'ordre des tons et des demi-tons dans une gamme. Il y a deux modes en musique, le mode *majeur* et le mode *mineur*. Les gammes que l'on vient de voir sont en mode *majeur*. Les gammes en mode mineur n'offrent plus, comme les précédentes, deux tons et un demi-ton etc.; de plus elles changent suivant qu'elles montent ou descendent. La gamme mineure ascendante prend un ton et un demi-ton, quatre tons et un demi-ton; la gamme mineure descendante, si l'on compte de bas en haut, un ton et un demi-ton, deux tons et un demi-ton, puis deux tons comme on le voit par cette gamme en *la* mineur. — Ainsi toute la différence entre la gamme

ascendante et la gamme descendante porte sur la sixième et la septième note qui, en montant, sont plus élevées d'un demi-ton. — La gamme mineure s'appelle ainsi parce que, de la première à la troisième note, ici de *la* à *ut*, il n'y a qu'une tierce mineure; dans une gamme majeure, de la première à la troisième note, la tierce est majeure. — Les gammes mineures sont comme les gammes majeures au nombre de douze. — La gamme descendante en *la* mineur ne prend ni dièse ni bémol, elle ressemble donc, sous ce rapport, à la gamme en *ut* majeur. Cette ressemblance est loin d'être une spécialité de ces gammes, car elle se répète douze fois entre les vingt-quatre gammes. Toute gamme majeure a une gamme mineure qui lui ressemble, comme *la* mineur ressemble à *ut* majeur ; c'est celle qui commence à la sixième note de cette gamme majeure. Ainsi la gamme mineure en *ré*, note qui est la sixième dans la gamme majeure en *fa*, aura un bémol comme cette dernière; la gamme mineure en *mi*, sixième note de *sol* majeur, aura un dièse comme *sol* majeur. Il est facile avec ces données de former ou plutôt de prendre toutes formées les différentes gammes : *sol* mineur aura deux bémols comme *si* bémol majeur; *si* mineur, deux dièses comme *ré* majeur; *fa* dièse mineur, trois dièses comme *la* majeur, etc. — On se rappelle que c'est la gamme mineure descendante seule qui ressemble ainsi parfaitement à une gamme majeure. Pour la gamme ascendante on élèvera d'un demi-ton la sixième et la septième note comme dans l'exemple précédent.

Dans toute gamme, la *première* note s'appelle *tonique* ; viennent ensuite la *seconde* ou *sus-tonique,* la *tierce* ou *médiante,* la *quarte* ou *sous-dominante,* la *quinte* ou *dominante,* la *sixte* ou *sus-dominante,* quelquefois *sous-sensible,* la *septième* ou *sensible* et l'octave ou *tonique.* En montant encor, on trouverait de nouveau la *seconde,* etc. On remplace aussi quelquefois ces noms par ceux de *premier degré, deuxième degré,* etc. On voit que les mots seconde, tierce, etc peuvent désigner une note ou un intervalle.

Dans une gamme, la tonique, la tierce et la dominante en *ut, ut, mi, sol,* en *la* mineur, *la, ut, mi,* sont les *harmoniques de la tonique;* la seconde, la quarte, la quinte et la septième, en *ut, ré, fa, sol, si,* ou pour les nommer dans un ordre plus naturel, *sol, si, ré, fa,* en *la* mineur, *mi, sol* dièse, *si ré* sont les harmoniques de la dominante. On voit que pour trouver les trois harmoniques de la tonique et les quatre harmoniques de la dominante, re . faut, dans quelle gamme que ce soit, monter de tierce en tierce à partir de la tonique ou de la dominante. — Les notes de chacune de ces catégories peuvent être entendues simultanément, elles sont en harmonie. Les harmoniques de la tonique font accord entre elles ; il en est de même des harmoniques de la dominante, c'est pour cela qu'elles sont *harmoniques.*

III. Ton d'une composition. — Tout morceau appartient à un ton spécial, le ton de la gamme à laquelle il a emprunté ce qui le constitue Les différentes gammes sont comme autant de langues particulières qui ont beaucoup d'analogie avec les langues parlées. Chacune de ces combinaisons musicales contient tout ce qui est nécessaire pour une composition, de la même manière qu'une langue offre toutes les parties du discours qui servent à l'expression des pensées ; et, de même que tout discours appartient nécessairement à une langue, à la langue française ou latine par exemple, suivant qu'il est formé de substantifs, adjectifs, verbes, etc., français ou latins, ainsi tout morceau a un ton spécial; il sera en *la* ou en *sol,* par exemple, dès qu'il offrira les notes que veut la gamme en *la* ou en *sol.*

Pour connaître le ton d'un morceau, il faut considérer d'abord l'armature de la clef. — La clef porte toujours les accidents que demande la gamme dans le ton de laquelle on se trouve. Ainsi un morceau en *la* majeur prend trois dièses à la clef, parce que la gamme en *la* majeur prend trois dièses ; un morceau en *la* bémol aura une armature de quatre bémols, parce que la gamme en *la* bémol demande tous ces accidents. — Dans le mode mineur on ne met à la clef que les accidents que veut la gamme descendante, parce que ceux-là seuls sont appelés suivant leur ordre ordinaire. Un morceau en *mi* mineur aura donc un dièse à la clef, le dièse sur *fa* comme la gamme descendante en *mi* mineur. — Pour les accidents que prend la gamme ascendante, sur la sixte et la septième, le compositeur les place devant ces notes chaque fois qu'elles suivent un mouvement ascendant qui les demande. Dans un morceau en *la* mineur, *fa* ne sera jamais dièse que lorsqu'il sera suivi de *sol* dièse ; et *sol* sera toujours dièse excepté lorsqu'il sera suivi de *fa* naturel.

Lorsqu'en considérant l'armature de la clef, on ne se rappellera pas exactement quels sont les accidents que prennent les différents tons, on pourra s'aider de ces données un peu mécaniques ; *avec des dièses à la clef, on est toujours dans le ton de la note placée au-dessus du dernier dièse ;* avec une armature de quatre dièses, on sera donc en *mi*, note qui est en dessus du dernier dièse qui est ici le dièse sur *ré; avec des bémols, on est dans le ton de la note qu'affecte l'avant dernier bémol ;* quatre bémols à la clef annonceront donc le ton de *la* bémol qui est ici avant-dernier bémol. Ces conclusions supposent que le ton est majeur. S'il était mineur, il faudrait en prendre la tonique une tierce plus bas, on serait ainsi dans le premier cas en *ut* dièse mineur, dans le second, en *fa* mineur. — On connaît si l'on est en ton majeur ou en ton mineur en considérant, non plus l'armature, mais les notes elles-mêmes. Pour déterminer la tonalité par l'examen des notes, il faut se rappeler que tout morceau commence par l'une des harmoniques de la tonique, ramène souvent ces notes et finit par la tonique. S'il est à plusieurs voix, ce seront les parties les plus importantes, la haute et la basse qui finiront généralement ainsi. Or, les harmoniques de la tonique du majeur et du mineur de même armature, comme de *ut* majeur et de *la* mineur, sont suffisamment différentes, car on a pour le premier ton, *ut, mi, sol;* pour le second ton, *la, ut, mi.* Il y a là, il est vrai, deux notes communes, *ut* et *mi;* mais il en reste encore deux *la* et *sol* qui sont différentes. Elles suffisent pour que la tonalité ne puisse pas rester bien longtemps obscure. On sera en *la* si le morceau commence par *la,* note qui en *ut* n'est pas harmonique ; ou bien si *la* revient souvent; s'il forme des dessins avec *ut* et *mi,* et enfin si *sol* s'offre généralement dièsé, état qui n'est pas naturel à cette note en ton d'*ut.* On sera au contraire évidemment en *ut* quand le morceau commencera par le *sol,* note qui en *la* n'est pas harmonique de la tonique, ou bien quand cette note sera souvent ramenée avec *ut* et *mi* et surtout quand elle ne sera pas dièse. — On voit que par l'armature de la clef, la question de la tonalité est circonscrite à deux tons, un ton majeur et un ton mineur, on la résoud définitivement en considérant les harmoniques.

IV. Modulation. — La *modulation* est le passage d'un ton à un autre dans un même morceau. On la connait généralement à l'apparition d'accidents incompatibles avec le ton dans lequel on se trouve. Il faut cependant, avant de conclure, voir s'il ne constituent point seulement un simple ornement, une broderie sans importance tonale. La note altérée, pour annoncer une modulation, devra donc en général se trouver accompagnée de quelques harmoniques de la dominante du nouveau ton, car elle appartient habituellement à cette catégorie, et toujours il faudra qu'elle soit suivie médiatement ou immédiatement de l'une au moins des harmoniques de la tonique de ce ton. Ainsi, dans cet exemple, on est d'abord en *ut* comme l'indique l'ab-

sence d'accidents et la présence des trois harmoniques de la tonique *mi*, *sol*, *ut*. La modulation en *sol* est annoncée par toutes les harmoniques de la dominante en *sol* suivies de la tonique elle-même. Après le retour en *ut* vient la modulation en *mi* mineur déterminée par *fa* dièse et *re* dièse, harmoniques de la dominante dans ce ton, suivies de *mi*. C'est *mi* mineur parce que *sol* qui précède ces harmoniques n'est pas dièsé comme il faudrait qu'il fut pour le ton de *mi* majeur. Ce ton est immédiatement abandonné dans la mesure suivante parce que *fa* revient naturel. Le ton de *la* mineur dans lequel on entre est établi par trois harmoniques de la dominante et deux harmoniques de la tonique. On juge que c'est *la* mineur et non pas *la* majeur parce que ce dernier aurait exigé que la note *fa* qui précède fût diésée. Après le ton de *fa* majeur établi comme les autres tons, revient le ton d'*ut* par lequel on doit terminer ici, parce que c'est par lui qu'on a commencé et qu'ainsi il est *ton principal*. — Dans l'exemple suivant, au contraire, malgré tous ces accidents

il n'y a pas de modulations. *Re* dièse qui ne pourrait guère annoncer que le ton de *mi* mineur, est cependant suivi des harmoniques de la tonique en *ut*. Ces mêmes notes reviennent après *fa* dièse; le ton de *sol* que cet accident aurait pu annoncer n'est donc pas établi; enfin *re* bémol qui, se trouvant le quatrième dans l'ordre des bémols, ne pourrait appeler que le ton de *la* bémol, est cependant suivi de *si* naturel, incompatible avec *la* bémol. D'ailleurs la conclusion se fait sur *ut*, cette note est donc tonique. — On peut comprendre maintenant le principe de la distinction de certains intervalles, qui n'a été qu'énoncé à la page 10, et voir quand ils sont ou ne sont pas en rapport avec la tonalité. Ils le sont ou ne le sont pas suivant que l'altération produit ou ne produit pas une modulation ; c'est pour cela que, dans l'exemple précédent, les secondes *ré* dièse *mi*, *fa* dièse *sol*, *ré* bémol *ut* sont, non pas mineures, mais diminuées. Il y a peu d'auteurs qui fassent cette distinction ; cependant, M. Fétis la signale et en reconnait la légitimité dans son *Traité d'harmonie*.

Les modulations se font le plus souvent aux tons *relatifs*. On appelle ainsi les tons qui n'ont qu'un accident de plus ou de moins que le ton principal. Un ton quelconque a toujours cinq tons relatifs, le ton majeur et le ton mineur qui ont chacun un dièse de plus, le ton majeur et le ton mineur qui ont chacun une dièse de moins, ou, ce qui revient au même, un bémol de plus et le ton de même armature et de mode différent. *Ut* majeur aura donc pour relatifs, *sol* majeur, *mi* mineur, *fa* majeur, *ré* mineur et *la* mineur. Ce dernier aurait pour relatifs les quatre tons qui précèdent et *ut* majeur.

V. Transposition. — *Transposer* c'est changer le ton dans lequel un morceau est écrit sans changer ce morceau lui-même. La transposition ne s'applique qu'au ton et non au mode, car un morceau mineur devra être mineur après la transposition, comme il devra être majeur s'il était majeur auparavant. — On transpose ordinairement pour faire disparaître la difficulté d'exécution que produisent de nombreux accidents qui sont à la clef ; mais en devenant aussi plus facile, le morceau perd cette beauté secondaire que lui communique le caractère particulier du ton dans lequel il a été composé. Il faut donc, autant que possible, exécuter le morceau transposé, à la hauteur exigée par le premier ton. — Pour transposer un morceau sans l'altérer, il faut : 1° Voir par les accidents dans quel ton il se trouve ; 2° Compter combien il y a de degrés, de ce ton à celui dans lequel on veut le transposer ; on élève ensuite ou l'on abaisse d'autant toutes les notes, après avoir mis à la clef les accidents que demande le nouveau ton, s'il en demande, et sans s'inquiéter, d'ailleurs, de ceux qui sont à la clef dans le ton primitif ; 3° Reproduire dans le cours du morceau les dièses (*a c*) et les bémols (*f h*) autres que ceux qui

sont à la clef, comme on l'a fait dans ces exemples. Le bécarre effaçant ces signes placés accidentellement reste bécarre, mais il devient bémol (*d*) s'il efface, pour un moment, un dièse de la clef (*b*) ; dièse (*g*) s'il efface un bémol de la clef (*e*), pourvu que d'ailleurs, ce qui arrive habituellement, on transpose à un ton qui a moins d'accidents que le premier. — On voit par là que la transposition doit déplacer un morceau de musique comme s'il était d'une seule pièce, comme est déplacé un tableau que l'on a élevé ou abaissé. Malgré ce changement, les personnages ont conservé leur forme et leur grandeur ; ils restent à la même distance les uns des autres ; le bas du tableau en s'élevant ou s'abaissant ne s'est ni éloigné ni rapproché du sommet parce que celui-ci a changé de place la même proportion. — Tous les morceaux sont susceptibles de transposition: cependant il y en a qui, même avec des accidents très-nombreux à la clef, ne peuvent nullement être simplifiés par cette opération ; ce sont ceux qui offrent des modulations à des tons dont l'armature est très-différente. Supposons un morceau en *la* bémol, qui, par une modulation, passe en *ut* majeur ; on ne pourra pas enlever des accidents à la première partie sans en donner à la seconde. Que l'on mette en *sol* ce qui est en *la* bémol, il faudra par là-même mettre en *si* ce qui est en *ut*. C'est pour cela que, avant de commencer la transposition, on doit jeter un coup d'œil sur tout le morceau pour choisir le ton qui simplifie le mieux tout l'ensemble.

On a pu comprendre déjà que, pour l'exactitude de la transposition, il n'est pas nécessaire d'évaluer en tons et demi-tons, le changement que subissent les notes, il suffit de compter les degrés. Pour transposer donc en *ut* ce qui est en *si*, on élèvera chaque note d'un degré, ni plus, ni moins que pour transposer ce qui serait en *si* bémol. Il n'est pas nécessaire non plus de connaître à quel mode appartient le morceau : on peut toujours supposer le mode majeur. En voyant, par exemple, deux dièses à la clef, on peut dire : c'est le ton de *ré* majeur et agir en conséquence. Si le morceau se trouve par hasard dans le ton de *si* mineur qui veut la même armature, ce sera bien égal, la transposition le mettra dans le ton mineur qui correspond au ton majeur choisi : en croyant transposer de *ré* majeur à *ut* majeur, on aura transposé de *si* mineur à *la* mineur, voilà toute la conséquence.

VI. Exercices. — La gamme mineure doit être étudiée aussi bien que la gamme majeure ; elle demande peut-être même plus d'exercices, à cause des changements qu'elle subit, suivant qu'elle est ascendante ou descendante. On peut voir plus haut la gamme en *la*, type de gammes mineures. — Pour se familiariser avec l'altération de la sixte et de la septième, dans la gamme ascendante, on se rappellera que ce passage est parfaitement semblable à celui qui se trouve au même point dans la gamme majeure : *mi, fa* dièse, *sol* dièse, *la*, de la gamme mineure, et *sol, la, si, ut*, de la gamme majeure sont identiques. — Les canons et les morceaux qui suivent donneront l'occasion d'appliquer toutes les explications qui précèdent touchant les tons, les modes, la modulation et la transposition.

Paroles de J. P. Veyrat.
Grave.
Non tu ne dors pas éternelle justi- ce! Des fureurs du méchant, non
Un jour vient où tu dis,
non tu n'es pas complice!
ô suprême témoin.
au mal,
Un jour vient où
dis, ô su- prême témoin, Au mal comme à la mer, tu n'iras
pas plus loin, non non tu n'iras pas plus loin! nou non pas p. l.!
Moderato.
Un jour vient où la voix du proscrit te réveil- le. Où le cri du martyr empht seul ton oreille; La langue du méchant s'at- tache à
son palais et le pied du ty- ran se prend en ses filets. Un jo. un jour
Rall. A tempo.
vient;u. jour vi. un jour unj. vient, Un jour vient où la voix o.la v.

du proscrit te ré- veil- le, où le cri où le cri du martyr du m. t. em-
plit seul ton oreille. La langue du méchant s'attache à son palais et
le pied du tyran se prend en ses filets, se p. s. p. se p. s. p. en ses filets. N. tu ne dors pas éternelle justi- ce! Des fureurs du méchant, non
Un jour vient où tu dis,
non tu n'es pas complice !
un jour vient où tu
ô suprême témoin!
Au mal comme à la mer, tu n'iras
dis, ô su- pré-me tém. tu dis au mal c. à la m.t.n.r.
pas plus loin. Un jour vient ou tu dis, ô su- pré
me supré- me témoin!
au mal, com. à la
ô supré m. Au mal, c. à la m. tu dis au mal,
mer, tu n'iras pas p. loin.
c. à la m. N.u n.n.n.n.pas p.l.u.n.n.n.n.u.n.u.p,p,l

VII. Plain-chant. — On appelle *plain-chant* ces mélodies simples et graves que l'église fait entendre dans ses offices. Quoique le plain-chant se compose d'airs et de chants aussi bien que la musique, il en diffère cependant d'une manière très-notable. On pourra s'en convaincre en parcourant les explications qui suivent touchant l'origine, la tonalité et l'exécution du plain-chant.

Origine. Le plain-chant a été pendant de longs siècles la seule musique connue. Au moins, s'il en existait une autre, on n'en conserve nul monument de quelque importance. Les belles compositions musicales que nous possédons, n'ont guères qu'un siècle d'existence ; il n'y en a pas dont la date aille au delà de trois ou quatre siècles. — Le plain-chant remonte aux premiers siècles de l'Eglise. On peut, à la vér té, citer, dans cette grande collection, quelques airs composés il y a un siècle ; les moines du moyen-âge nous en ont également légués quelques-uns ; le grand nombre, toutefois, ont été composés ou collectionnés par saint Ambroise et saint Grégoire. Les airs de la psalmodie (chant des psaumes) sont, d'après de graves auteurs des premiers siècles, ceux-là même que les Juifs chantaient dans le temple de Jérusalem. — On convient généralement que le plain chant a subi quelques modifications dans le cours des âges ; mais ces changements, opérés dans le sanctuaire et comme sous l'influence divine, ne lui ont rien enlevé de son caractère inspiré et sublime. Aujourd'hui encore, ces airs aux notes lentes et uniformes, ces mélodies simples, graves et peu étendues, peuvent, pour la beauté du sens et le charme de l'expression, rivaliser avec les meilleures des compositions musicales. C'est l'opinion même des hommes du peuple, c'est le sentiment des savants qui ont étudié le plain-chant et la musique et les ont comparés, c'est aussi le jugement des plus grands artistes et des plus illustres compositeurs. — Cette comparaison d'égalité que le plain-chant peut subir avec la musique, lui assigne une grande supériorité sur elle, à cause de l'extrême simplicité des moyens dont il dispose. Sans doute, il y a un vrai mérite à produire de beaux effets quand on a d'ailleurs des moyens nombreux et que l'on s'en sert ; le mérite est cependant bien plus grand lorsqu'on les produit aussi en n'employant que des moyens beaucoup plus restreints. S'ils sont vingt fois moins nombreux et que l'effet reste le même, il annonce évidemment une sagesse vingt fois plus grande. Dès qu'elle donne tant avec si peu, elle se rapproche sensiblement de celle qui avec rien fit toute chose. Or, il n'y a, dans le plain-chant, ni modulation, ni accompagnement, ni harmonie, ni dialogues de voix différentes, ni altérations chromatiques, ni grande variété de notes ou d'intervalles, rien enfin de ce qui fait la ressource des compositions musicales. C'est le chant abaissé aux dernières limites de la simplicité et de la facilité, et cependant toujours très-intéressant. Ces faits disent suffisamment en quelle haute estime il faut l'avoir et combien est juste la grande préférence que l'Eglise lui accorde.

Notation. Les différents sons du plain-chant furent primitivement représentés par des lettres placées auprès des syllabes suivant le système des Grecs. Ce n'est qu'au onzième siècle que le moine Gui d'Arezzo imagina de les exprimer par des notes placées sur une portée de quatre lignes. Plus tard, pendant que l'Église conservait encore cette notation pour le plain-chant, les musiciens ajoutaient, pour leurs compositions, une ligne à la portée, et substituaient les notes rondes aux notes carrées. — De nos jours, on a également essayé d'appliquer au plain-chant ce dernier système de notation. Il semble tout à fait désirable que ces essais se généralisent, car il résulte de ce mode deux avantages de la plus grande importance ; ceux qui connaissent déjà la musique, et le nombre en est grand aujourd'hui, savent dès lors tout ce qui est nécessaire pour déchiffrer le plain-chant, et ceux qui ne la connaissent pas n'ont plus, pour pouvoir chanter a l'église, qu'à faire des études beaucoup plus faciles. Avec ses nombreux changements de clef, l'ancienne notation présente plus de quarante notes différentes ; la notation musicale peut exprimer exactement tous les airs du plain-chant avec douze ou treize notes ; elle réduit donc la difficulté de quarante à douze. — Pour ceux qui devraient encore se servir de l'ancienne notation, il faut qu'ils sachent que la portée à quatre lignes reçoit la *clef de fa,* ou la *clef d'ut.* Ce dernier signe est formé de deux losanges réunis par une barre. Ce même signe, précédé d'une note carrée placée sur la ligne qui passe entre les deux losanges et jointe à la barre qui les unit, forme la *clef de fa.* La ligne qui coupe ces signes est, suivant la clef, la ligne de *fa* ou la ligne d'*ut.* — La note carrée forme la durée moyenne entre la carrée à queue qui est plus longue et le losange qui est plus bref.

Tonalité. On compte huit tons dans le plain-chant. Deux choses les distinguent entre eux, leur note finale et le point de l'échelle des sons où ils puisent leurs éléments. Les deux premiers tons se terminent sur *ré*; les deux suivants, sur *mi*; le cinquième et le sixième, sur *fa*; les deux derniers, sur *sol.* Régulièrement, un morceau de plain-chant n'offre pas, entre ses notes les plus hautes et les plus basses, une étendue de plus d'une octave. Dans les tons impairs, appelés *authentiques,* l'air se meut entre la finale et son octave supérieure ; dans les tons impairs, appelés *plagaux,* il se restreint entre la note qui est une quarte au-dessous de la finale et l'octave supérieure de celle-là, ainsi qu'on le voit dans cet exemple. Les deux noires forment ici les limites

entre lesquelles l'air doit se mouvoir; la ronde indique la note par laquelle il se termine. — Comme les tons du plain-chant prennent, chacun dans son espace, les intervalles majeurs ou mineurs de la gamme naturelle, il s'en suit qu'ils forment comme autant de modes différents. — Musicalement parlant, les deux premiers se rapprochent de *ré* mineur; les deux suivants, de *mi* mineur; le cinquième et le sixième, de *fa* majeur; enfin, les deux derniers, de *sol* majeur. — Le ton d'un morceau de plain-chant est ordinairement indiqué expressément ; il est d'ailleurs toujours facile de le découvrir en considérant qu'elle est la note finale; la question est dès lors circonscrite à deux tons; on la résoud définivement en examinant si l'air va, de cette finale à son octave supérieure, ou de la note qui est une quarte plus bas à son octave supérieure. — Ce n'est que pour les antiennes de vêpres qu'il est bien nécessaire de connaître le ton, afin d'entonner le psaume sur l'air spécial de ce ton.

Exécution. Le plain-chant doit être exécuté d'une manière qui soit grave et posée, sans être, cependant, lourde et langoureuse. Il faut donc en attaquer les notes avec un accent assez vigoureux et distinct, à peu près comme si elle étaient détachées, et ne les prolonger que médiocrement. — Comme ces airs n'offrent aucune succession symétrique de temps forts et de temps faibles, on ne peut pas les astreindre à une mesure proprement dite ; rien, cependant, n'empêche de les assimiler aux morceaux dont la mesure est à un temps et de donner aux notes, noires ou carrées, la valeur d'un temps, *toujours frappé*. Pour la croche ou le losange, on les fera dans le même temps que la note qui les précède, en ralentissant d'ailleurs un peu le mouvement. Cette forme de mesure peut être d'un grand avantage quand les chanteurs sont nombreux, parce qu'elle rend très facile le parfait ensemble des voix.

Le plain-chant doit, en général, s'exécuter à l'unisson, car il est peu fait pour l'harmonie. Ce n'est pas à dire qu'il faille s'abstenir de l'accompagner avec l'orgue, car ces accords produisent toujours le plus bel effet, dès que d'ailleurs ils sont graves et corrects; mais les chanteurs doivent éviter d'improviser une seconde partie dont l'harmonie est souvent fausse et toujours, au moins, peu intéressante : qu'ils fassent tous la même note et produisent ainsi un vigoureux unisson, c'est le meilleur moyen pour obtenir un effet majestueux. Seulement, il faut qu'ils mettent leur voix bien d'accord, soit pour la simultanéité, soit pour l'intonation, et ne cherchent jamais, ni à se devancer, ni à rivaliser de vigueur, ni à se couvrir réciproquement. — Pour les amener à donner des sons harmonieux et modérés, il sera très-avantageux de leur faire exécuter quelques morceaux de musique ; c'est alors qu'ils sentiront plus vivement la nécessité d'adoucir leur voix et de faire les intervalles avec leur rigoureuse étendue ; d'ailleurs, les charmes de l'harmonie, si simples que soient les accords, les encourageront puissamment dans leurs efforts et leurs études pour arriver à bien chanter.

Les tons du *plain-chant* ont chacun leur caractère plus ou moins spécial. D'après la généralité des auteurs, le 1er ton est plus particulièrement grave, le 2me triste, le 3me mystique, le 4me harmonieux, le 5me joyeux, le 6me pieux, le 7me angélique, le 8me parfait. Les chanteurs devront chercher à faire ressortir ces caractères par les accents de leur voix. Ils devront aussi avoir égard au caractère de la cérémonie dans laquelle ils se font entendre ; ils prendront donc un ton grave et peu éclatant, dans les circonstances tristes, dans les temps de pénitence et dans les cérémonies funèbres, réservant les sons aigus et les accents joyeux pour les jours de solennité et les moments d'allégresse.

On vient de voir que l'unisson est préférable dans l'exécution du plain-chant·
Une exception doit cependant être faite pour le chant des psaumes, car il sera
bon de leur donner quelquefois des accords plaqués appelés *faux-bourdons*.
Il existe un grand nombre de faux-bourdons, on pourra y recourir: on pourra également employer les suivants:

On voit que la première partie reproduit ici l'air du plain-chant. Il est nécessaire que cet air soit chanté par des enfants pour que leurs voix éclatantes
le mettent une octave plus haut. Exécutée dans toutes ses parties par des voix
d'hommes, cette harmonie serait sans aucune valeur. Si on avait plus de voix

d'enfants que de voix d'hommes, on pourrait également leur donner la première des trois parties qui sont sur la même portée, après l'avoir abaissée d'une octave. — Certaines parties peuvent paraître assez élevées, cependant elles ne le seront pas trop si on a soin de ne pas prendre les dominantes plus haut que le *la* du diapason. On sait que l'on entend par dominantes ces rondes sous lesquelles se font les syllabes qui ne sont pas nécessaires pour la pause médiante ou la terminaison. Bien que ces dominantes ne soient pas toutes les mêmes, il est très-convenable de leur donner la même élévation ; il en résulte une certaine unité qui est d'un bon effet. Les petites notes par lesquelles commence chaque air, dans la première partie, indiquent l'intonation du premier verset. Ces mêmes notes, à la fin de la terminaison, dans les parties d'accompagnement, indiquent les sons qui ne peuvent pas être faits par quatre parties seulement, et qu'il serait bon de produire en divisant les voix de la partie intermédiaire. — On sait que les faux-bourdons s'exécutent en *frappant* un temps sur chacune des syllabes qui doivent être articulées sous la dominante, et en battant la mesure à deux temps, comme on la voit indiquée, sur celles qui précèdent le repos de la médiante ou la conclusion.

VIII. Harmonie. — L'exemple suivant offre le tableau des accords

usités dans les deux modes. Ces accords sont tous complets, c'est-à-dire que chacun d'eux contient toutes les notes qu'il peut recevoir, eu égard à la note qui lui sert de basse. Si donc on avait plus de trois parties, on ne pourrait que redoubler ces mêmes notes. Des deux côtés on a d'abord un accord de *quinte de tonique*. On l'appelle ainsi parce que la quinte est le plus grand des intervalles qu'il contient, et qu'il a la tonique pour basse. L'accord qui vient après est, pour les mêmes raisons, *de septième de dominante*. Tous ces accords sont *directs*, parce qu'ils ont les notes disposées de tierce en tierce. Lorsqu'on a les mêmes notes sans que la note la plus grave reste la même, comme *mi sol ut*, l'accord est renversé. *Mi sol ut* est le premier renversement de l'accord de tonique ; *sol ut mi* est le second. — En *ut* majeur, l'accord sur la sixte *la ut mi* n'est usité que dans l'ordre direct : c'est le contraire de l'accord sur la seconde *ré fa la* qui ne s'emploie ordinairement que dans son premier renversement *fa la ré*. — Dans un *duo*, les deux parties forment habituellement une tierce ou une sixte ; quelquefois une seconde ou une septième : elles ne seront que très-rarement, et jamais deux fois de suite immédiatement, en quarte ou en quinte. — Les accords précédents sont *naturels*. On pourrait, par des *retards*, des *appoggiatures*, des *broderies*, etc., leur donner des notes qu'ils n'ont pas ci-dessus : ils seraient ainsi *altérés*.

Quatrième section.

MORCEAUX CHOISIS

AIR DE MÉHUL
(*Joseph*)

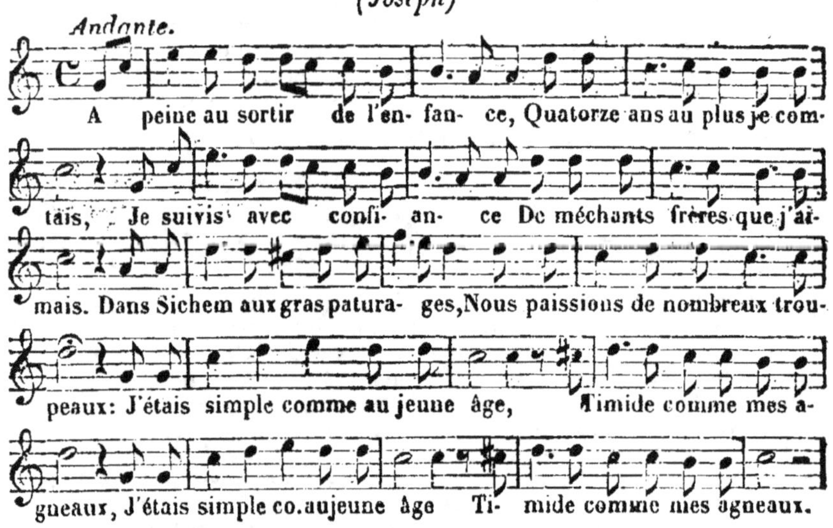

2	3
Près de trois palmiers solitaires,	Hélas! près de quitter la vie,
J'adressais mes vœux au Seigneur;	Au jour je fus enfin rendu.
Quand, saisi par ces méchants frères,	A des marchauds de l'Arabie
J'en frémis encor de frayeur,	Comme un esclave ils m'ont vendu
Dans un humide et froid abime,	Tandis que du prix de leur frère
Ils me plongeut dans leur fureur,	Ils comptent l'or qu'ils partageaint,
Quand je n'opposais à leur crime	Hélas! moi je pleurais mon père,
Que mon innoceuce et mes pleurs.	Et les ingrats qui me vendaient.

DUO DE MOZART
(La Clémence de Titus)

CHOEUR DE LESUEUR
(Télémaque)

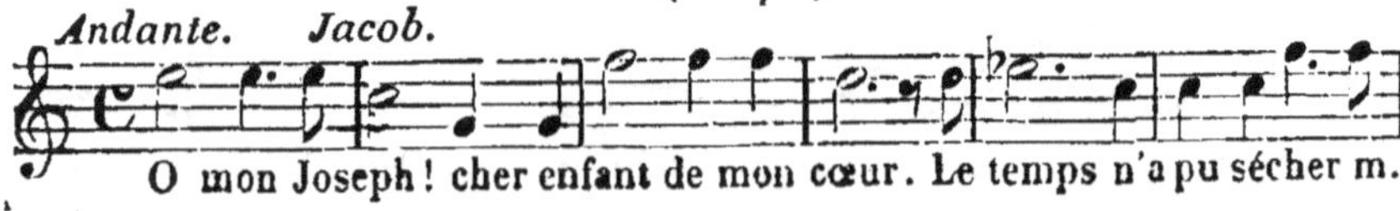

CHOEUR DE MÉHUL
(Joseph)

Joseph.
larmes. Pour moi quel moment plein de charmes; Joseph est pré-
Benjamin.
sent à son cœur. Eh quoi! toujours verser des lar- mes. Mon
Jacob.
père, mon père calme ta douleur. Quand je re- po- se
ou quand je veille, il me semble que je le vois, qu'une
voix frappe mon o- reille, je crois recon- naître sa voix
Benjamin.
Joseph. Rien ne peut le distraire, r. n. p. le distraire du fils qu'il a perdu.
De l'amonr de mon père, d. l'amour de m. père, que mon cœur est touché
Jacob. Rien ne console un pè- re, du fils du fils qu'il a perdu.
Jacob.
Ah! lorsqu'une mère chéri- e, Vante l'amour de son en-
faut, Jacob, dans sa douleur, s'écri- e: Joseph Jo-

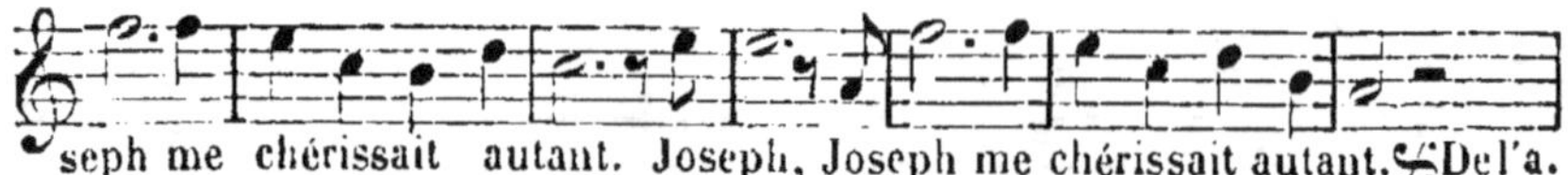

seph me chérissait autant. Joseph, Joseph me chérissait autant. Del'a.

TRIO DE MOZART
(La flute enchantée)

Andantino.

AIR DE MÉHUL
(Joseph)

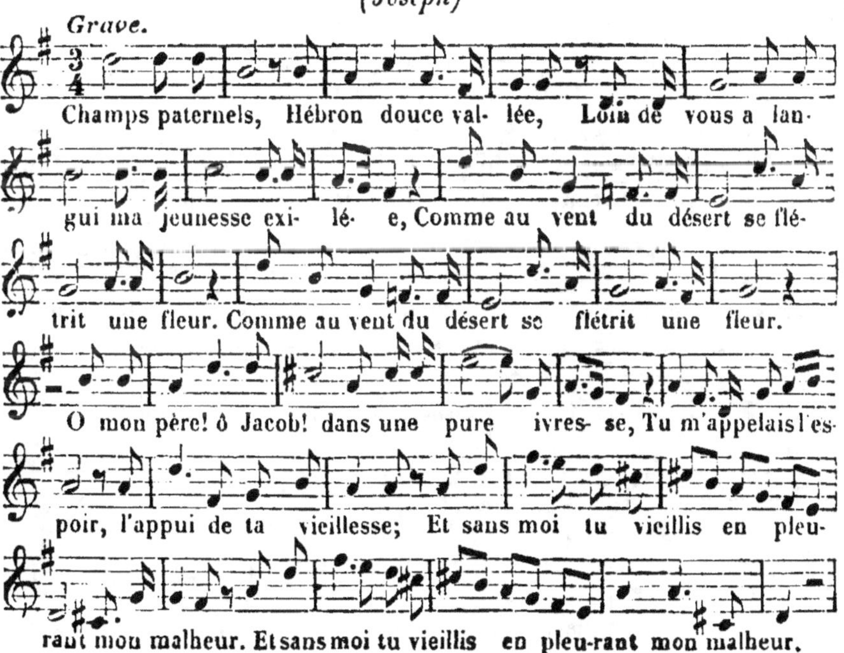

Allegro.
Frères jaloux, troupe cruelle, C'est vous, c. v. dont la main crimi-
nelle, A son amour m'osa ravir; C'est vous, c. v. dont la m. cr. mi-
nelle, A son amour m'osa ravir. Vous avez pu voir sans frémir Ses
pleurs, ses pleurs, sa douleur paternelle. Ingrats! ingrats je devrais vous ha-
ïr; je devrais vous ha-ïr. Et pourtant malgré ces alarmes, Malgré cet affreux souvenir, Si vous pouviez vous repentir,
Je serais touché de vos lar- mes. Si vous pouviez vous repentir, Je serais touché de vos lar- mes. Ingrats!
je devrais vous haïr, je devrais vous haïr. Et pourtant malgré ces alarmes, Malgré cet affreux souvenir, Si vous pou-

DUO DE GRÉTRY
(Le tableau parlant)

QUATUOR DE HAYDN
(Les saisons)

temps, répands sur nous tes dons. Viens doux printemps,
Viens doux printe. répands tes d. Vi. do. printemps. Viens doux p.
Viens doux printemps, répands sur nous, répands sur nous tes dons.
temps doux printe.

DUO D'ASIOLI

Andantino.
Ruisseau charmant, Sous la voute so- li- taire. Ruisseau c.
mant, Sous la voute so- li- taire, A- vec un doux mys-
tè- re, ton onde cou- le lentement. Sous la voute so- li-
taire, A- vec un doux mys- tère, Ton on- de cou- le
lentement. A- vec un doux mystère, Ton onde cou- le lente-

TRIO DE SACCHINI
(Renaud)

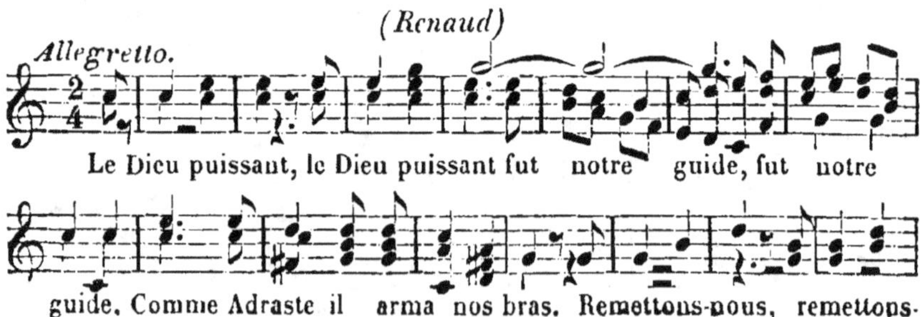

DUO DE DUMONCHAU
(L'officier cosaque)

AIR DE HAENDEL
(Salomon)

Grave.

QUATUOR DE SACCHINI
(Renaud)

DUO DE DALEYRAC
(*La maison isolée*)

QUATUOR DE M. KLING

Professeur au Conservatoire de Genève.

Nos fautes. mon pauvre ange, ont causé nos souffrances.
Peut-être qu'en restant bien long-temps à genoux,
Quand il aura béni toutes les innocences,
Puis tous les repentirs ,Dieu finira par nous.

DUO DE DEVIENNE

AIR DE HAYDN
(Les saisons)

TRIO DE BELLINI
(Le pirate)

Nota. Là où il n'y a que deux parties, le second ténor et la basse s'uniront.

Allegro.

rive. C'est ltul- bo sur la rive. La, la, la, la. É- cou-
tons ces forts échos. Répétons donc, répétons, gais mate-
2e fois. 1re voix.
lots. A nos Qui parait? c'est la ga- lère. Imprudents, sé-
2e voix. 3e voix.
parez- vous. La ga- lère! gare gare à nous! Sachons tous ici nous
taire. Hé! hé! Dans l'ombre de la nuit, Fuyons fuyons vite
et sans bruit. D. l'ombre de la nuit, hé! hé! hé! hé! Fu -yons vite et
sans bruit. Vite, vite, qu'on é- vite la ga- lère qui nous suit.
Vite, vite, vite, vite qu'on é- vite, vite
la galè- re qui nous suit. La, la, la, la, Écoutons ces forts é-

AIR DE MOZART
(David pénitent)

DUO DE SACCHINI
(L'olympiade)

Moderato.

guérir pour toujours. Longtemps hélas! longtemps hélas! long-
temps, dans la tris- tesse, J'ai vu périr mes jours. Longtemps j'ai vu périr mes jours: longtemps dans la tris-
tesse j'ai vu périr mes jours, j'ai vu périr mes jours.
2e voix.   1re v. Longtemps   2e v.
Longtemps dans la dé- tresse, hélas! dans la dé- tresse, Pour
1re v.   2e v.
a- doucir mon sort, J'ai fait un vain effort. Pour adoucir mon
1re v.   2e v.   1re v.
sort, Longt. j'ai fait un vain effort. Pour adoucir mon sort J'ai
fait hélas! j'ai fait un vain effort. Viens ranimer ma vi- e, Re-
viens, espé- rance bénie, Répandre tes bienfaits, ré-

DUO DE MOZART

DUO DE PAISIELLO
(*Le barbier de Séville*)

TABLE DES MATIÈRES

Saint-Julien (Haute Savoie). — Imp. CASSAGNES.

DU MÊME AUTEUR

Manuel de chant et de **composition musicale** *1 vol. gr. in-8°. Prix, franco, 3 fr. 50.*

SAINT-JULIEN. — TYP. F. CASSAGNES.

www.ingramcontent.com/pod-product-compliance
Lightning Source LLC
LaVergne TN
LVHW050637060726
842527LV00004B/1340